Laura VANEL- COYTTE

OSER VENISE

Laura VANEL- COYTTE

OSER VENISE

Éditions Muse

Imprint
Any brand names and product names mentioned in this book are subject to trademark, brand or patent protection and are trademarks or registered trademarks of their respective holders. The use of brand names, product names, common names, trade names, product descriptions etc. even without a particular marking in this work is in no way to be construed to mean that such names may be regarded as unrestricted in respect of trademark and brand protection legislation and could thus be used by anyone.

Cover image: www.ingimage.com

Publisher:
Éditions Muse
is a trademark of
Dodo Books Indian Ocean Ltd. and OmniScriptum S.R.L publishing group

120 High Road, East Finchley, London, N2 9ED, United Kingdom
Str. Armeneasca 28/1, office 1, Chisinau MD-2012, Republic of Moldova, Europe
Printed at: see last page
ISBN: 978-620-4-96549-9

Cette réédition coïncide avec les dix ans de notre séjour
que nous devions fêter en y retournant si mon mari n'était pas mort ;
je ne désespère cependant pas d'y retourner, même seule et d'ajouter des pages
à ce carnet de voyage alors qu'il ne narre déjà que deux jours sur sept,
tellement la Sérénissime est riche.

Du même auteur

-Istanbul avec toi

-Paysages nervaliens

-Paysages chez Lamartine, de bohémiens

-Bouts de paysages rimés

-Paysages de Kandinsky, Sand et Cadou

-Paysages amoureux et érotiques

- Paysages

-Paysages de Cannelle-Nouvelles

-Paysages-Poèmes à mon mari

-Acrostiches

-Mes paysages de Nerval et Baudelaire

-Des paysages de Baudelaire et Nerval

« Nous n'étions plus qu'à une demi-heure de la Venise véritable, et nous qui n'avons jamais souhaité qu'un seul grain de poussière accélérât sa chute dans le sablier, tant nous sommes sûrs que la mort arrivera, nous aurions volontiers supprimé de notre vie ces trente minutes. »

Théophile Gautier[1]

[1] Venise. Collection Sépia. Les Editions de l'Amateur, 2008, p.14.

Si j'ai choisi de commencer ce livre sur Venise par une citation de Théophile Gautier, c'est encore pour rendre hommage à son amitié avec Gérard de Nerval sous le patronage duquel était placé mon livre sur Istanbul.

Comme je me situe (comme pour Istanbul d'ailleurs) après une longue et glorieuse lignée d'écrivains (dont Théophile Gautier), j'ai choisi d'intituler ce livre, *Oser Venise*, d'autant que Venise, peut-être encore plus qu'Istanbul, est rentrée dans la mémoire collective y compris avec ses clichés kitsch de « ville des amoureux. »

Même si, nous partions, mon mari et moi dans le contexte temporel de notre dixième anniversaire de mariage, c'est plus l'aspect littéraire et artistique que « Laisse les gondoles à Venise » qui nous attirait. Le Carnaval ne nous intéressait pas non plus ni l'un ni l'autre.

J'ai choisi de vous présenter le maximum de photos (la plupart faites par mon mari ou moi ; quand ce n'est pas le cas, je le signale), d'émotions et de vous laisser voir des explications plus prolixes soit grâce aux liens disséminés dans mon texte, soit par la bibliographie en fin de livre.

Dimanche 7 juillet 2013

Le personnel de notre vol nous avait dit qu'il ne se lassait pas de la vue que l'on a sur la lagune de Venise en descendant vers l'aéroport[2] ; il n'avait pas menti. Je n'ai pas osé prendre de photo (j'ai gardé ces magnifiques images dans mon âme) et dans le cadre de ce livre, j'espère vous inciter à aller voir par vous-mêmes. Lorsque nous arrivâmes à l'aéroport [3]Marco Polo (du nom du fameux explorateur réputé vénitien) de Venise-situé à treize kilomètres du centre de Venise- vers seize heures, il nous restait plus de temps qu'à Théophile Gautier pour découvrir la « Venise véritable. » Il s'agit déjà de rejoindre le port d'embarquement des motoscafes de l'Alilaguna[4] pour lesquels nous avions réservé nos places sur internet tout en repérant la ligne à prendre. En mettant les pieds sur le bateau, nous quittions la terre ferme pour la lagune[5] et sept jours d'île en île, de canaux en canaux et de pont en pont. En attendant de découvrir en vrai (après toutes les lectures faites, les films, photos et peintures vues) ce mode de vie, je savourais le trajet dans la lagune malgré le peu d'air et le peu de visibilité que nous avions de ce premier paysage de Venise :

[2] http://www.e-venise.com/iles-venise.htm
[3]http://www.veniceconnected.com/fr/content/a%C3%A9roport-marco-polo-de-venise
[4] http://www.alilaguna.it/
[5]http://www.evenise.com/lagune_venise/vue_aerienne_lagune_venise.htm

Nous ne tardâmes cependant à assister à l'irruption de Mestre[6] dans ce paysage naturel :

Bientôt, c'est Venise elle-même que nous aperçûmes de plus en plus proche :

Je reconnais aujourd'hui après l'avoir parcouru à pied (la partie autorisée de) l'Arsenal[7] dans ces photos d'arrivée sur Venise :

[6] http://www.alibabuy.com/guide-touristique-mestre,italie.html
[7] http://www.venise-tourisme.com/arsenal.html

De même, je suis maintenant familière de la silhouette de l'île –cimetière de San Michele[8] avec ses cyprès :

Plus nous approchons de Venise et plus il y a de bateaux[9] autour de nous :

[8]http://www.landrucimetieres.fr/spip/spip.php?article1474

[9] http://www.lepoint.fr/monde/venise-panique-sur-le-grand-canal-30-08-2013-1719565_24.php

Bientôt, nous apercevons le Campanile[10] de la Place Saint-Marc[11] et mon cœur bat plus vite comme lorsque j'ai aperçu pour la première fois la Corne d'Or ou la basilique Sainte-Sophie [12]: ces lieux que nous avons lus et vus en représentations, savoir que nous allons les voir pour de vrai : plaisir intellectuel et émotion physique, entre bonheur violent et douleur de savoir que le rêve va peut-être se briser. Mais non ! Elle apparaît et les yeux humides, je serre très fort la main de mon mari comme je l'avais fait à Istanbul, ma bouche murmurante : merci pour ce moment. Pas de déception pour moi devant ce spectacle comme je l'ai si souvent lu chez des écrivains-voyageurs :

Je ne devine pas encore le Pont des Soupirs[13] mais il est là avec (de droite à gauche) le Palais des Doges[14], les colonnes[15], la place et le campanile…

J'ai cependant lu des auteurs pris comme moi d'un émerveillement béat : « C'était donc elle, il allait une fois encore y atterrir à cette place qui confond l'imagination et dont l'éblouissante, la fantastique architecture emplissait d'émerveillement et de respect les navigateurs abordant autrefois le territoire de la république : l'antique magnificence du Palais et le Pont aux soupirs, sur la rive, les colonnes, le lion, le saint, la fastueuse aile en saillie du temple fabuleux,

---

[10] http://www.e-venise.com/campaniles-venise/campanile-saint-marc-venise.htm
[11] http://www.venise-tourisme.com/place-saint-marc.html
[12] Cf. mon livre *Istanbul avec toi*
[13] http://www.e-venise.com/ponts-venise/pont-des-soupirs-venise-ponte-sospiri.htm
[14] http://www.e-venise.com/palais-venise/palais_des_doges_ducal_venise_1.htm
[15]http://www.evenise.com/campi_venise/colonnes_piazzetta_saint_marc_1.htm

la vue sur la Porte et la Grande Horloge ; et à ce spectacle il se prenait à penser qu'arriver à Venise par le chemin de fer, c'était entrer dans un palais par la porte de derrière ; il ne fallait pas approcher l'invraisemblable cité autrement que comme lui, en bateau, par le large[16]. »

Il faudra attendre un peu pour en voir autant de ce lieu mythique car nous n'aborderons qu'un peu plus loin pour rejoindre notre hôtel qui se trouve derrière la Place Saint-Marc et donne sur le Grand Canal[17]. Du débarcadère, j'ai du mal à quitter des yeux la Salute [18](à droite) et la Douane de Mer (à gauche) :

Nous allâmes nous poser et nous rafraîchir à notre hôtel, placé (comme il se doit à quelques pas de la place du même nom) sous la protection du lion ailé de Saint-Marc[19] :

Nous allions dormir dans un palais vénitien. Un peu « requinqués », nous sortîmes de l'hôtel à la recherche du lieu de notre dîner et d'abord et avant tout voir la Place Saint-Marc si proche. Nous passâmes par la Calle Larga de

[16] Thomas Mann, *La Mort à Venise*. Le Livre de Poche, 2011, p.49.
[17] http://www.azurever.com/italie/mags/grand-canal.php3
[18] http://www.venise-tourisme.com/eglise-santa-maria-salute.html
[19] http://coleoni.free.fr/histoire.htm

l'Ascension où se trouve le Musée Coreer[20] que nous visiterions le lendemain. Je retenais mon souffle, serrant plus fort le bras de mon mari. Je m'arrêtais devant cette vue à couper le souffle, je découvrais en même temps dans le fond de la place (à gauche), la Basilique Saint-
Marc[21] :

Sous les arcades de la place, nous nous arrêtâmes devant le célèbre café Quadri[22] qui étendait sa terrasse juste en face du Campanile, majestueux :

Nous nous trouvâmes bientôt devant la Basilique Saint-Marc (et le Palais des Doges à gauche) :

[20]http://www.evenise.com/musees_venise/musee_correr_venise.htm
[21] http://www.e-venise.com/eglises-venise/saint_marc_venise_1.htm
[22] http://www.e-venise.com/cafe_quadri_venise.htm

que nous contournâmes par la gauche pour nous engager dans les rues de Venise :

Nous rencontrâmes notre premier canal qui était celui traversé par le Pont des Soupirs[23] :

---

[23] http://www.e-venise.com/ponts-venise/pont-des-soupirs-venise-ponte-sospiri.htm

Nous vîmes pour la première fois l'église de San Zaccaria[24] :

Après notre repas, je ne pus m'empêcher de m'arrêter devant des gondoles … au repos :

Malgré la fatigue du voyage qui nous tombait dessus, nous nous immobilisâmes pour contempler le coucher de soleil sur l'île de San Giorgio Maggiore[25], en face de la Piazzetta [26] de Saint-Marc :

---

[24] http://www.e-venise.com/eglises-venise/san-zaccaria-venise.htm
[25] http://www.e-venise.com/campaniles-venise/campanile_san_giorgio_di_maggiore.htm
[26] http://www.venise-tourisme.com/place-saint-marc.html

Sur la façade du Palais des Doges, était annoncée l'exposition sur « Manet[27] à Venise » sur laquelle j'avais tant lu dans la presse :

Quand nous rentrâmes à l'hôtel, l'eau des canaux était noire :

et le Café Florian[28], Place Saint-Marc était illuminé :

[27] http://www.lauravanel-coytte.com/archive/2013/07/09/manet-retour-a-venise.html

[28] http://www.e-venise.com/cafe_florian_venise_saint_marc.htm

Lundi 8 juillet 2013

Ce lundi était le seul jour où nous avions des horaires de visites (réservées sur internet) à respecter. L'idée était pour moi que nous voyions ce premier jour entier les principaux monuments de Venise. Nous nous assîmes au Café Lavana (qui ne se révéla pas moins cher que ses deux voisins plus célèbres de la Place Saint-Marc) pour boire notre café (très court) et un croissant au chocolat (chaud et très bon heureusement) :

Nous n'avons pu résister à cette terrasse bien que-comme à Paris- les consommations soient plus chères assis et dehors. Nous nous dirigeâmes vers le Palais des Doges[29] où nous avions rendez-vous avec la seule guide (par choix) de notre séjour. En attendant la visite en petit groupe, nous pouvions commencer seuls la découverte du palais par sa cour intérieure[30]. L'escalier des Géants est plus beau qu'en photo :

[29] http://www.e-venise.com/palais-venise/palais_des_doges_ducal_venise_1.htm
[30] http://www.venise1.com/palais-des-doges-4543

Au Musée Maillol, en 2012, j'avais vu cet escalier peint par Canaletto[31]. « Lieu symbole de toute la structure, il permet d'accéder aux salles les plus prestigieuses de l'édifice. C'est aussi sur ses marches que, aussitôt après avoir été élu, le doge était présenté au peuple[32]. » De la cour du palais on voit un des cinq coupoles[33] de la Basilique Saint-Marc en réfection :

Nous sommes passés devant la « Bouche de la Vérité » que la guide nous a expliquée plus tard ; les Vénitiens y déposaient leurs dénonciations anonymes :

---

[31] http://www.lefigaro.fr/arts-expositions/2012/09/18/03015-20120918ARTFIG00404-canaletto-portrait-en-illusionniste.php

[32] Simone Ferrari, *Palais des Doges à Venise.* Skira mini art books. Edition française, 2010, p.22.

[33] http://www.e-venise.com/eglises-venise/saint_marc_venise_7.htm

La visite des Itinéraires secrets[34] a commencé avec l'Escalier d'Or (1555-1559). Œuvre de Jacopo SANSOVINO (1486-1570)[35], ce prolongement de l'Escalier des Géants tient son nom des riches décorations en stuc blanc et feuille d'or pur qui couvre la voûte. Jadis, il était réservé au passage des magistrats et des personnages illustres[36] :»

Ce fut la dernière chose que nous avons été autorisés à photographier pendant cette visite « secrète. »

Je vous dirais juste que nous avons vu le cachot de Canova avant qu'il ne s'échappe et que nous avons traversé le Pont des Soupirs dans les deux sens.

[34] http://www.e-venise.com/musees_venise/palais_des_doges_venise.htm

[35]http://www.venicethefuture.com/schede/fr/192?aliusid=192

[36] Simone Ferrari, *Palais des Doges à Venise.* Skira mini art books. Edition française, 2010, p. 29.

Après ces « Itinéraires spéciaux », nous avons repris la visite normale du Palais. Des pièces les plus hautes, nous avions une vue superbe sur le Grand Canal jusqu'aux Giardini[37] :

Nous pouvions aussi voir l'île de San Giorgio Maggiore avec sa statue (visiblement dégonflée chaque nuit) provisoire de Marc Quinn[38] :

C'est aussi du haut que nous avons eu la plus belle vue sur la Cour intérieure :

Toutes les salles nous en mettent plein la vue par les dorures et les stucs mais surtout par les tableaux. Dans la Salle des Portraits, je tombe pour la première

[37] http://www.venise1.com/giardini-venise
[38] http://oliaklodvenitiens.wordpress.com/2013/06/09/la-statue-de-marc-quinn-qui-fait-jaser/

fois nez à nez avec un des tableaux d'un des grands peintres vénitiens : Giovanni Bellini[39]. Il s'agit de la *Lamentation sur le Christ mort, entre Marc et Saint-Nicolas* (vers 1472). « Des nombreuses œuvres réalisées par l'artiste, elle est la seule qui ait survécu au terrible incendie de 1577[40]. »

La Salle du Grand Conseil[41] est celle où « se tenaient les assemblées de la magistrature la

plus importante de Venise[42]. » Dans celle salle, la plus grande salle du Palais il y a non seulement le *Triomphe de Venise*[43] de Véronèse[44] mais surtout Le Paradis [45]que je brûlais de voir :

Derrière le trône du Doge, «le Tintoret et les membres de son atelier réalisèrent la plus grande toile du monde afin de remplacer une fresque de Guariento (un primitif italien) qui fut détruite par l'incendie de 1577[46]. » Je dois encore vous parler de L'Armée des croisés à l'assaut de Constantinople (vers 1587) de Jacopo Palma le Jeune[47]. C'est un des épisodes cruciaux de l'histoire vénitienne. C'est aussi pour nous (comme cela le sera à de nombreuses reprises pendant

---

[39] http://www.aparences.net/ecoles/la-peinture-venitienne/venise-autour-de-giovanni-bellini/

[40] Simone Ferrari, *Palais des Doges à Venise.* Skira mini art books. Edition française, 2010, p.31.

[41] http://www.e-venise.com/palais-venise/palais_des_doges_ducal_venise_8.htm

[42] Simone Ferrari, *Palais des Doges à Venise.* Skira mini art books. Edition française, 2010, p.36.

[43] http://www.artliste.com/veronese/triomphe-venise-2037.html

[44]http://www.larousse.fr/encyclopedie/personnage/V%C3%A9ron%C3%A8se/148651

[45] Photo scannée provenant de : Beaux Arts Magazine Hors-série - *Rivalités À Venise - Titien, Tintoret, Véronèse*, Alain Vircondelet.
Voir aussi : http://www.e-venise.com/art-peintres/tintoret_le_paradis_palais_ducal_venise.htm

[46] Simone Ferrari, *Palais des Doges à Venise.* Skira mini art books. Edition française, 2010, p. 42.

[47]http://www.larousse.fr/encyclopedie/peinture/Palma_Giovane/153705

notre séjour en Italie) le rappel de notre séjour à Istanbul. (Ancienne Constantinople et Byzance pour ceux qui l'auraient oublié). Et c'est bien comme le deuxième volet de notre exploration des villes-mondes, condensant la mythologie des rapports en Orient et Occident.

Dans cette salle du Grand Conseil, une frise présente « les portraits des soixante-seize premiers doges de l'Histoire de Venise[48]» qui rappelons-le, 'étaient les dirigeants de la République de Venise[49].

La Salle du Scrutin ou « Salle de la Bibliothèque » avait 'abord servi à accueillir les manuscrits que Pétrarque et Bessarion avait léguées à la République[50] » avant de faire concorder son usage à son nom. Le mur Sud est orné par le Jugement dernier de Palma le Jeune[51]. Dans la salle Grimani (du nom de la famille qui donna trois doges à Venise et dont le plafond de cette salle porte les armoiries), j'ai été subjuguée par mon premier paysage vénitien vu à Venise en arrière-plan du *Lion marchant de Saint-Marc*[52] de Vittore Carpaccio[53] :

Je ne saurais dire lequel des tableaux vus en vrai (que je les connaisse ou pas préalablement) lors de ce séjour m'a le plus ébloui tant c'est toujours extraordinaire (à Venise et ailleurs) de voir des tableaux connus dans leur décor d'origine. Il est des tableaux que je ne verrai sans doute jamais ainsi même si je

---

[48] Simone Ferrari, *Palais des Doges à Venise.* Skira mini art books. Edition française, 2010, p. 46.
[49] http://users.swing.be/dauginetl/doges_fr.html
[50] Simone Ferrari, *Palais des Doges à Venise.* Skira mini art books. Edition française, 2010, p.48.
[51] http://www.cosmovisions.com/Palma.htm
[52]http://oliaklodvenitiens.wordpress.com/2011/06/25/la-venise-de-vittore-carpaccio/
L'image suivante est tirée de ce site.
[53] Michel Serres, *Esthétiques sur Carpaccio.* Le Livre de Poche, Biblio essais, 2005.

l'espère toujours. Pour les tableaux les plus accessibles (proches spatialement), je crois que ce n'est qu'en les « touchant » de près, que nous pouvons dire que nous les comprenons, ressentons et même les aimons ou pas. A quelqu'un qui me disait que les tableaux cubistes de Picasso étaient « moches », je répondais : « En as-tu vu au moins un en vrai ? »

Ce n'étaient pas les premiers tableaux d'

Hieronymus Bosch (un peintre que j'admire par ailleurs) que je voyais à Venise mais le *Tryptique des ermites* [54]admiré au Palais des Doges m'a laissé un souvenir impérissable. Le fait que ce tableau comporte un paysage essentiel à sa composition n'est évidemment pas étranger à mon intérêt pour lui : « Le paysage s'élargit dans un effet atmosphérique, avec une perspective plus naturelle et plus profonde[55]. »

Titien faisait partie avec Palma le Jeune et Véronèse (que nous avons déjà cités) des artistes appelés à redécorer le Palais des Doges après l'incendie de 1577. Ainsi, il peint *Le Doge Antonio Grimani*[56] pour la Salle des Quatre portes [57]qui « doit son aspect actuel à la reconstruction effectuée, à la suite du terrible incendie de 1574, par Antonio da Ponte[58] , d'après un projet de

[54] Image tirée de ce site : http://www.histoiredelart.net/artistes/bosch-jerome-85.html
[55] Simone Ferrari, *Palais des Doges à Venise.* Skira mini art books. Edition française, 2010, p.56-57.
[56] http://steveartgallery.com/france/picture/image-01706.html
[57] http://www.venise1.com/visite-palais-des-doges-8208
[58]http://www.venicethefuture.com/schede/fr/185?aliusid=185

Palladio[59]. »Dans cette salle, Giambattista Tiepolo incarne Venise dans les traits d'une patricienne[60] à laquelle Neptune offre des dons(1758) :

Cette blonde vénitienne me fait penser à d'autres blondes aux yeux noirs évoquées d'abord par Lord Byron puis par Théophile Gautier[61] et surtout mon cher Gérard de Nerval :

Puis une dame, à sa haute fenêtre,
Blonde aux yeux noirs, en ses habits anciens,
Que dans une autre existence peut-être,
J'ai déjà vue... et dont je me souviens ![62]

Comme lors de toutes mes visites, j'ai été particulièrement attentive aux peintres intégrant des paysages d'importance comme Jacopo Bassano[63] dans Le retour de Jacob(1580)[64] Nous sortîmes du Palais des Doges, sonnés par tant de beautés admirées mais la splendeur ne quitterait guère nos pas lors de ce séjour avec la Porta della Carta, l'entrée principale du Palais qui date du quinzième siècle :

---

[59]http://www.clio.fr/BIBLIOTHEQUE/andrea_palladio_architecte_humaniste.asp
[60] http://www.allposters.com/-sp/Neptune-Offering-Gifts-to-Venice-Posters_i1741474_.htm. L'image suivante est tirée de ce site.
[61]http://www.persee.fr/web/revues/home/prescript/article/caief_0571-5865_1966_num_18_1_2317
[62]Extrait de *Fantaisie*
[63]http://www.larousse.fr/encyclopedie/peinture/Bassano/151021
[64] http://fr.wahooart.com/@@/8LJ53Z-Jacopo-Bassano-(Jacopo-Da-Ponte)-Retour-de-Jacob-avec-sa-famille

Cette impression de beauté permanente à Venise se poursuivit avec les Tétrarques « de Constantinople que les Vénitiens dérobèrent lors du sac de la quatrième croisade[65] » :

Nous étions affamés et nous fîmes une halte pour manger avant la seconde visite réservée (un coupe-file en fait) pour cette journée : la Basilique Saint-Marc[66] :

---

[65] Simone Ferrari, *Palais des Doges à Venise.* Skira mini art books. Edition française, 2010, p.12.

Nous l'abordâmes par un nouveau point de vue. Le coupe-file nous permit tout de même quelques arrêts-photos :

[66] http://www.venise1.com/basilique-saint-marc-venise-8210

A l'intérieur[67], il est interdit de prendre des photos, ce que je trouve tout à fait normal. Il faut aussi avoir une tenue correcte mais l'appréciation de cette correction est fluctuante : on m'a fait acheter un« non-tissé » pour cacher mes épaules en débardeur alors que certaines rentraient en short… Le lendemain, j'ai mis dans mon sac un foulard pour visiter les églises –œuvres d'art.

Nous n'avions pas d'heure pour visiter le Museo Corrrer mais il était logique de visiter le même jour tout ce qui était dans le périmètre de St Marc pour s'en éloigner ensuite. On y entre par l'Ala Napoleonica qui était tout près de notre hôtel. Nous y passions à chaque fois que nous allions vers la Place Saint-Marc. Au Musée Coreer[68], on peut voir les statues d'Antonio Canova [69](1757-1822). « La galerie de tableaux (Quadreria) retrace l'évolution de la peinture italienne entre le quatorzième et le dix-septième siècle[70]. » C'est à Carpaccio que l'on doit le Portrait d'homme au Chapeau rouge et Les Courtisanes.

« A l'arrière-plan on trouve les traits délicats d'un paysage de claire influence flamande. »

---

[67] http://www.venise-tourisme.com/basilique-saint-marc.html

[68] http://www.e-venise.com/musees_venise/musee_correr_venise.htm Son entrée était comprise dans un pass de plusieurs visites acheté préalablement sur Internet.

[69]http://www.larousse.fr/encyclopedie/personnage/Canova/111129

[70] *Venise et la Vénétie*. Guides Voir. Hachette tourisme, 2012, p.77.

Par le Musée, on accède à la Bibliothèque Nationale Marciana[71] (Libreria Sansoviniana) qui m'a évidemment intéressé en rat de bibliothèque que je suis. L'intérêt est double pour une amatrice d'art puisque, comme presque tout à Venise, la bibliothèque est un chef d'œuvre conçu par Sansovino et décoré par Véronèse et Titien. Au sommet du magnifique escalier de la bibliothèque, décoré de fresques et de stucs dorés, « on admire une carte de Venise vue du ciel, de 1500, réalisée par Jacopo de Barbari[72] :»

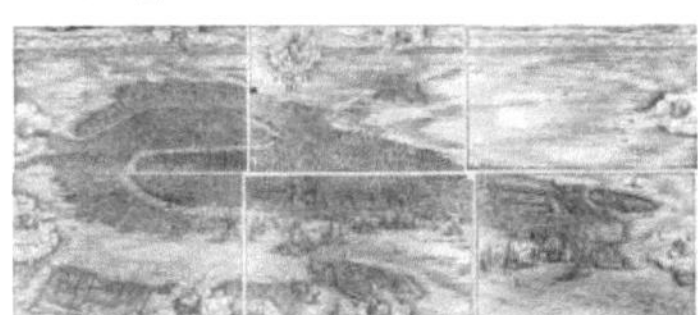

« L'entreprise très coûteuse prit trois ans pour être menée à bien. La gravure fut financée et imprimée par Anton Kolb, éditeur originaire de Nuremberg et installé à Venise, qui obtint le privilège auprès de la Sérénissime de la commercialiser au prix relativement élevé de trois florins[73]. »

Le musée Coreer comme une poupée russe après cette magnifique librairie, nous révèle une autre merveille : le Musée archéologique[74].

Jusqu'au 5 novembre, vous pourrez aussi admirer au Musée Coreer une exposition intitulée Art and Knowledge – The spirit of the place in the Platonic Solids présentant le travail de Lore Bert[75] :

[71]http://www.venicethefuture.com/schede/fr/136?aliusid=136

[72] *Venise et la Vénétie*. Guides Voir. Hachette tourisme, 2012, p.77.

[73] Image et texte : http://estampe.hypotheses.org/312

[74]http://www.venicethefuture.com/schede/fr/138?aliusid=138

[75]http://oliaklodvenitiens.wordpress.com/2013/06/12/les-5-solides-platoniciens-lore-bert/

Après toutes ces visites d'intérieur, nous avons apprécié de nous retrouver à l'air libre dans les jardins du musée avec vue sur le Campanile de la Place Saint-Marc :

Nous nous aperçûmes que nous avions soif et nous assîmes à une terrasse devant la Zecca[76] pour boire un granité. Nous étions prêts à prendre un bain de foule et à aller admirer de près les deux colonnes de la Piazetta, Saint-Marc et Saint-Théodore[77] qui marquaient l'entrée de Venise quand elle n'était accessible que par la mer :

[76] http://www.monument-tracker.com/villes/venise/la-zecca/
[77] http://www.e-venise.com/campi_venise/colonnes_piazzetta_saint_marc_1.htm

« Trois côtés de la place sont bordés par les trois faces d'un immense palais de marbre, les Procuratie, ainsi nommé parce qu'il était autrefois habité par les procurateurs, puissants fonctionnaires de la République[78]. »

Nous nous engageons sur le Quai des Esclavons (Riva degli Schiavoni) qui nous avait offert notre première vue splendide sur Venise par la mer et sur lequel a été érigée en 1887 une statue du Roi Victor Emmanuel II, Roi d'Italie:

Nous arrivons à l'Hôtel Gabrielli qui a commémoré le 15 Septembre 2013 à 11h00 une matinée en l'honneur du centième anniversaire de la visite de Franz Kafka[79] :

[78] http://www.cosmovisions.com/monuVenise01.htm

[79] http://www.hotelgabrielli.it/fr/evenements/2013/05/la-fete-de-la-sensa-le-mariage-de-la-mer

Nous atteignons une des entrées de la Biennale :

le Canal de l'Arsenal[80] :

et le Musée de l'Histoire Navale[81] :

Nous nous engageons sur le Campiello della Malvasia où nous poserions plus tard pour nous reposer :

80 http://www.cosmovisions.com/monuVenise-Arsenal.htm

81 http://www.venise1.com/musee-naval-venise

Nous atteignons la Fondamenta puis le Ponte de l'Arsenal dit del Paradiso :

Après le Sestiere (quartier) de San Marco[82] où nous étions depuis notre arrivée à Venise, nous entrons dans le quartier de Castello[83] que l'Arsenal occupe en grande partie. « L'entrée d'eau (1574), dont le rio delle Galleazze relie les darses à la lagune, est constitué de deux tours élégantes fortifiées, en briques, reprenant les motifs sculptés des remparts[84] : »

« L'entrée de terre, qui est tout à côté, est une véritable œuvre d'art due à Antonio Gambello, en forme d'arc de triomphe antique. C'est un des tous premiers ouvrages du courant Renaissance à Venise (1460) sauf les colonnes qui sont antiques et récupérées[85] : »

---

[82] http://www.vivre-venise.com/san-marco.html
[83] http://www.vivre-venise.com/castello.html
[84] http://www.vivre-venise.com/castello/l-arsenal.html
[85] http://www.vivre-venise.com/castello/l-arsenal.html

Quittant l'Arsenal, nous continuâmes à évoluer dans une Venise plus calme, où peu de touristes s'aventurent, une Venise plus vénitienne. Nous allions sans bousculade d'église en église, de pont en pont, de canal en canal découvrant enfin les vrais vénitiens, vaquant à leurs courses dans des boutiques « normales »(boulangeries, boucheries etc.) que je désespérais de voir tant les échoppes (fixes ou volantes) de souvenirs (plus ou moins vénitiens) ont envahi la Sérénissime.

Nous empruntâmes une ruelle qui nous mena à un autre canal :

Jusqu'au Campo Bandiera e Moro o de la Bragora[86]:

Une ombre bienfaisante nous couvrait parfois au détour d'une rue :

[86] http://www.e-venise.com/photos09a/1006-campo-bandiera-e-moro-o-de-la-bragora-venise.html

Avant de monter un nouvel escalier de pont (ah le temporaire réconfort de se trouver au milieu du pont, regarder le paysage avant de redescendre !) :

Comme ceux de Paris, les ponts vénitiens n'échappent pas à la folie des cadenas :

Les maisons sont équipées pour se prémunir des fréquents assauts de l'Acqua Alta[87] :

Le faible nombre de touristes dans les rues permet d'attarder notre regard sur les détails comme les jolies sonnettes :

Peu à peu, nous retournons vers le quartier de San Marco.

Nous remarquâmes un de nos premiers campaniles penchés celui de San Giorgio dei Greci[88] :

[87] http://www.e-venise.com/acqua_alta_venise_3.htm

[88] http://www.e-venise.com/campaniles-venise/campanile_san_giorgio_dei_greci.htm

Arrivés place Saint-Marc, nous prîmes l'ascenseur de son grand campanile pour se régaler des splendides vues qu'on a de là-haut :

En retournant vers notre hôtel, je m'aperçois que j'ai oublié de vous parler de l'exposition sur Caro[89] que j'ai vue au Musée Coreer :

Après nous êtres rafraichis à l'hôtel, nous ressortons pour dîner. Nous passons devant

[89] http://jcmemo-34.blogspot.fr/2013/07/venise-juin-2013-55-biennale-caro-au.html

l'église San Moise[90] :

J'ai parlé un peu plus tôt des sonnettes vénitiennes, je vous présente maintenant un heurtoir de porte :

L'Eglise de Santa Maria del Giglio[91] est sur notre parcours :

[90] http://www.vivre-venise.com/san-marco/autour-de-san-moise.html
[91]http://www.chorusvenezia.org/index.php?option=com_content&task=view&id=14&Itemid=17

Avant d'arriver au Campo San Maurizio :

nous avions aperçu le campanile penché de Santo Stefano[92] :

Au centre du Campo (Santo Stefano) se trouve une statue rebaptisée "il Cagalibri" (« Le chieur de livres ») par les Vénitiens[93] :

---

[92] http://www.narthex.fr/blogs/itineraires-italiens-du-sacre/venise-promenade-de-saint-marc-a-laccademia

[93] http://www.e-venise.com/campi_venise/campo_santo_stefano_2.htm

Au soleil couchant, nous découvrons du Pont de l'Académie[94] sur le Grand Canal[95], la Galerie de l'Académie[96] :

Du Pont (de l'Académie), nous repérons une magnifique sculpture de la Biennale de Venise 2013 :

[94] http://monumentsdevenise.com/pont-de-l-academie.htm
[95] http://www.azurever.com/italie/mags/grand-canal.php3
[96] http://monumentsdevenise.com/galerie-de-l-academie.htm

Et bien sûr des vues sublime sur le Grand Canal et la Salute (au fond) :

J'ai choisi de clore ce livre avec cette photo du Grand Canal au soleil couchant, la dernière de cette deuxième journée de notre séjour vénitien. Je l'ai choisi aussi comme couverture de ce premier livre (il y en aura d'autres puisque ce séjour comptait sept jours).Si c'est Théophile Gautier qui vous a accueilli à Venise, c'est Alfred de Musset qui vous dira au revoir avec son poème *Venise* (*Premières poésies*):

Dans Venise la rouge,
Pas un bateau qui bouge,
Pas un pêcheur dans l'eau,
Pas un falot.

Seul, assis à la Grève,
Le grand lion soulève,
Sur l'horizon serein,
Son pied d'airain.

Autour de lui, par groupes,
Navires et chaloupes,
Pareils à des hérons,
Couchés en rond,

Dorment sur l'eau qui fume,
Et croisent dans la brume,
En légers tourbillons,
Leurs pavillons.

La lune qui s'efface
Couvre son front, qui passe
D'un nuage étoilé
Demi-voilé.

Ainsi, la dame abbesse
De Sainte-Croix rabaisse
Sa cape aux larges plis
Sur son surplis.

Et les palais antiques,
Et les graves portiques,
Et les blancs escaliers
Des chevaliers,

Et les ponts, et les rues,
Et les mornes statues
Et le golfe mouvant
Qui tremble au vent,

Tout se tait, fors les gardes
Aux longues hallebardes,
Qui veillent aux créneaux
Des arsenaux.

— Ah! maintenant plus d'une
Attend, au clair de lune,
Quelque jeune muguet,
L'oreille au guet.

Pour le bal qu'on prépare,
Plus d'une qui se pare,
Met devant son miroir
Le masque noir.

Sur sa bouche embaumée
La Vanina pâmée
Presse encore son amant,
En s'endormant.

Et Narcisa, la folle,
Au fond de sa gondole,
S'oublie en un festin
Jusqu'au matin.

Et qui, dans l'Italie,
N'a son grain de folie ?
Qui ne garde aux amours
Ses plus beaux jours ?

Laissons la vieille horloge,
Au palais du vieux doge,
Lui compter de ses nuits
Les longs ennuis.

Comptons plutôt, ma belle,
Sur ta bouche rebelle
Tant de baisers donnés...
Ou pardonnés.

Comptons plutôt tes charmes,
Comptons les douces larmes
Qu'à nos yeux a coûté
La volupté!

BIBLIOGRAPHIE

- Simone Ferrari, *Palais des Doges à Venise*. Skira mini art books. Edition française, 2010.

- Thomas Mann, *La Mort à Venise*. Le Livre de Poche, 2011.

- *Venise et la Vénétie*. Guides Voir. Hachette tourisme, 2012.

- Venise. Collection Sépia. Les Editions de l'Amateur, 2008.

- *Beaux Arts Magazine Hors-série - Rivalités À Venise - Titien, Tintoret, Véronèse.* Alain Vircondelet, 2010.

Printed by Books on Demand GmbH, Norderstedt / Germany